LES HEURES
de
PAPHOS
CONTES MORAUX
Par un Sacrificateur de Venus.
1787.

De son côté, le Militaire
A lorgner ne s'épargnait pas,
Et sur tout fixe une bergère
Qui près de lui tout justement,
Grommelait machinalement
Son chapelet.... Joli corsage,
Toute la fraîcheur du bel âge,
Tetons pommés et bondissans;
Beaux cheveux noirs et bien luisans,
Retroussés sous fine cornette:
Grands yeux, tein vif, de belles dents;
Air gracieux, bouche rosée.
Au fait, un ensemble d'appas
A tenter un Anachorette:
Maître Gareau ne l'était pas
Il forme soudain la pensée
D'être l'époux de ce tendron:
Sort de l'Eglise, et sans façon
S'accoste de la pastourelle;
Lui débite une kirielle
De mots galans: et par dessus,
Lui fait présent de deux fichus
Les plus brillans de ceux qu'étale
Un petit marchand Porte-balle;
Et qu'il paya quarante sous.

Et puis bras dessus, bras dessous
Il la reconduit chez son père,
Et sans forme de compliment,
La demande pour Ménagère.
— C'est trop d'honneur assurément.
— J'ai de l'argent — moi de la terre.
—Nous serons bien — marché conclu.....
Contrat passé force vin bû.
Huit jours après il se marie
Et quoique la tête étourdie
Pour avoir pinté tout le jour ;
De bonne heure il songe a l'amour ;
Se retire en sa maisonnette ;
Aide à coucher la tendre Annette ,
Met sa jambe au porte manteau ;
Et plus ardent qu'un jouvenceau
Se précipite sur la belle.
Mais ne pouvant trop aisément
Enjamber sa chere donzelle ,
Le Moignon, mal adroitement
À la place de l'allumelle ,
S'enfile au séjour des plaisirs.
Ah ! cher ami lui dit sa femme ,
Que tu satisfais mes desirs !
Ah......que tu me chatouille l'ame !

Double f....., je le crois bien ,
Dit Gareau, jurant comme un Suisse ,
Ne sens tu pas que c'est ma cuisse ?
Oui, mon cher....mais....ne changes rien...
L'époux ne voulait rien entendre.
Morbleu ! Nanon, je ne f.... pas.
Si fait bien moi, dit Annette tout bas ;
Quand on prend du plaisir, on n'en saurait trop prendre.

LA SIMPLICITE RUSTIQUE.

LA SIMPLICITÉ RUSTIQUE.

Au bon vieux tems, siecle de la décence,
Avant l'hymen une fille ignorait,
En quoi de l'autre un sexe differait;
On etoit sur d'epouser l'innocence.
Contente, pour la fin de l'an
D'epouser son amoureux, Jean:
La jeune et naïve Perrette
Avec lui folâtrait un jour.
Tous deux jouaient a la cachette,
Et Jean se cachait a son tour.
Il entre au fond d'une mazure,
On croyant sa retraite sûre,
Et n'être pas sitôt trouvé;
Tout en guettant il s'évertue
De donner a ses eaux l'issue
Par le Canal accoutumé.
Mais déja l'agile Perrette

A fureté de coin en coin,
Elle parvient a la cachette
Et voit Jean qui tenait en main
Certain tuiau de taille non menue.
Elle se sauve, et vient tout éperdue,
Trouver sa mere. ah! ma bonne maman!
Si vous saviés ce qu'a le pauvre Jean,
Je ne voudrais jamais être sa femme.
Il est blessé: je l'ai vû, sur mon ame.
Hors de son ventre il sort un gros boyau:
Connoissant mieux le prix de ce joujou;
Rassure-toi, lui repondit sa mere;
Ce bobo-là, fera bien ton affaire:
Et ce boyau qui ta fait tant de peur,
D'un bon mari fait toute la valeur.....
Un mois après, se fit le mariage.
Pendant le bruit d'un rustique festin,
Ou le plaisir nageait parmi des flots de vin,
Perrette sent désir de connaitre l'usage

Du mal de Jean; dût-elle le gagner.
Elle fait signe a Jean de s'éloigner....
Elle le suit.....il vont dans un bocage;
Ou les oiseaux par leur tendre ramage
De nos époux célébraient le beau jour;
Et leur donnaient l'exemple de l'amour
Jean, garçon vif, docile à la nature
Saisit Perrette, et se met en posture
Il n'introduit d'abord qu'un petit bout
De son bobo. Perrette y prend du goût;
Elle rougit; s'anime, enfonce, lui dit-elle,
Ah...Ah...encor....enfin, fit si bien la donzelle
Que Jean lui dit: par ma foi, voila tout.
Oh! vous mentés, répond notre novice;
Je sens encor là bas un suplément.
Oui; lui dit-il, mais c'est pour l'ornement,
Et le reste est pour le service.
Ah! mon ami, reprit-elle, attendrie,
Oblige-moi, mets tout dedans.

Aux gros Monsieux laissons la braverie,
Il n'en faut point aux pauvres gens.

LE JARDINIER ET SA FEMME.

LE JARDINIER ET SA FEMME.

Loin du tumulte de la Ville,
Un Jardinier nommé Guillot,
Avec son épouse Margot
Tenoit son petit domicile.
Un Jardin de plus d'un arpent
Qu'ils travaillaient conjointement,
Fournissait à leur subsistance ;
Et dans leur paisible réduit
Ils avaient même assés d'aisance.
Ils vendaient beaucoup de Fruit,
De Légumes et de Salade.
Un jour Margot fit la malade
Et c'était un jour de Marché.
Reste au lit, ma petite mere,
Lui dit Guillot d'un air touché,
Chés nos pratiques d'ordinaire
Je vais porter tout ce qu'il faut.
Repose toi — que je repose ?
Eh, ne faut-il pas que j'arrose
Notre Jardin ! — il fait trop chaud.
Et quand je reviendrai tantôt
J'arroserai ; va, je m'en charge.
Il dit, et crac prenant sa charge
Sur son dos, le voila parti.
Le Lecteur doit être averti
Que tous les jours c'était la femme
Qui faisait la commission ;
Et cette fois la fine lame
Feignait l'indisposition

Pour servir l'amoureuse flamme
De certain Monsieur Grenadier,
Grand riboteur de son metier,
Faisant d'hommes force recrue
Et passant femmes en revue ;
Employant au mieux son congé.
Un jour qu'au milieu de la place
Il assemblait la populace,
Dame Margot s'y rencontra,
Et le grivois la remarqua.
Margot en valait bien la peine :
Sein d'albatre, cheveux d'ebéne ;
Minois rond, les plus belles dents ;
Tetons fermes et bondissans ......
Margot enfin etait jolie
Et le savait, en pareil cas
Aisement la coquetterie
Vient se mettre de la partie :
Aussi Margot n'en manquait pas.
Elle etait toujours arrangée
D'un air leste, propre et galant ;
Du linge fin, toujours bien blanc,
Une coiffure negligée
Dont l'adroite simplicité
Pare et releve la beauté.
Bref : Mons la Tulipe la guette,
L'aborde, lui conte fleurette.
Le drôle etait joli garcon,
Grand, rablé, noir, et l'œil luron
Il plût a Margot ; et l'affaire
Se termina ne sais comment.

Toujours est-il que fort souvent
Au marché la fine commere
Demeurait plus que de raison ;
Et de retour à la maison
Si Guillot lui cherchoit querelle
Sur son retard, ah ! disait elle
Malheureuse ! quel est mon sort !
Toujours la charge sur le corps
Encore faut il que l'on me gronde ;
Tandis qu'il n'est pas dans le monde
Femme pour aller mieux que moi.
Guillot était un si bon diable,
Allons, allons, appaise toi
Disait il . mettons nous à table ,
Puis au lit . et sur le chevet
Le different s'accommodait .
Mais revenons à notre affaire ;
Pour se voir plus en liberté
La Tulippe avait concerté
Avec sa belle Jardiniere
Le stratagèmeque l'on a vu ;
Savoir, qu'elle serait malade .
Or voici comme il fut deçû .
Il eut avec son camarade
Dispute au sujet d'un écot ,
Il se battit ; et comme un sot
Se laissa crever la bedaine ;
Si bien qu'à la Ville prochaine
A l'hopital on le porta . . . . . .
Margot ignorait tout cela ;
Elle l'attend ; s'impatiente ,

Peste, jure, pleure, s'endort ;
Se réveille, maudit le sort ;
Se leve, et comme une Bacchante
En chemise court au jardin ;
Trouve un Concombre sous sa main
Dont la grosseur et la structure
Lui représente la figure
De ce que portait le Soldat.
Ah ! le traitre, le scélerat ?
Est ce ainsi qu'on se fait attendre !
Puis sur le gazon de s'étendre
Et d'introduire ce Monsieur . . . .
Guillot qui n'est pas grand causeur
A deja fini son affaire ;
Revient, cherche sa menagere ;
Dans la maison l'appelle en vain,
Se fâche, et l'appercoit enfin
Pâmée en disant, la Tulippe.
Voyés dit-il cette quenippe
Au lieu d'attendre mon retour !
Je vais l'attrapper à mon tour ;
Il dit, et fourre son Andouille
Dans un Arrosoir, dont la Douille
Fait la mesure justement.
Ah ! tatigué que d'agrément !
Si tu t'en ris, je m'en gobarge ;
Morgué ceci, n'est pas si large.
A ces mots Margot s'éveilla ;
Eh ! bon dieu, que fais tu donc là,
Mon ami ?.. tu vois, pas grand chose
Margot, tu plantes, moi j'arrose.

LE BATON DE POMMADE.

LE BATON DE POMMADE.

Jean Lisidor riche bourgeois,
Tenoit sa fille en esclavage ;
Et quoi qu'on l'eût en mariage
Demandé plus de trente fois,
Toûjours il éloignait l'affaire,
Dans la crainte de se défaire
De son argent, qu'il aimait fort.
Rosette n'était pas d'accord
Sur ce point avec le bonhomme.
Des Songes creux, et chagrinants,
Venoient souvent troubler son somme ;
Chose croyable à dix neuf ans,
Nature alors est agissante.
Un Cavalier nommé Lindor
Assés prés de chés Lisidor
Tenoit une maison brillante.
D'un amour timide et discret.
Il aimait Rosette en secret :
Et lors qu'avec sa gouvernante
A l'Eglise Rosette allait,

Lindor aussitot la suivait ;

Et goûtait de loin, sans esclandre,

Tout le plaisir que l'on peut prendre

Par la jouissance des yeux.

Mais le cœur n'en était pas mieux.

L'ame ainsi pleine de fumée,

Il apprend par la Renommée

Que Lisidor congédiait

Marton, égrillarde Soubrette,

Femme de chambre de Rosette,

Que d'intrigue l'on soupçonnoit.

Las de poursuivre une chimère

Le gaillard conçoit le dessein

De remplacer la chambriere.

Il était libre. Il fait sous main

Répandre le bruit dans la Ville

Qu'afin de devenir habile,

Il va dans le pays lointain ;

Prend des habits de Demoiselle,

Sort de chés lui de grand matin,

Suivi d'un serviteur fidelle

Qui seul avoit le mot du guet,

Et qui portait un gros paquet

Plein de tout l'attirail femelle ;

Il se présente au vieux bourgeois,

Dont il fixe bientot le choix

En demandant très petit gage.

Deslors on la juge bien sage.

(Car il faut dire elle à présent)

Et près de sa fille à l'instant

Le pere introduit Léonore ,

C'était le nom qu'il avait pris.

Quel tumulte dans ses esprits,

Quand près de celle qu'il adore

Il se voit ainsi renfermé ́ !

Mais n'étant pas trop assuré

Comment elle prendrait la chose ,

Il sut modérer ses désirs ;

Et grace à la métamorphose

Goûter de tranquille plaisirs.

Bientôt il eut de sa maîtresse

Gagné la plus vive amitié.

Enfin il fut initié

Dans les moyens qu'avec adresse,

Pour se soulager au besoin

Employait la tendre Rosette.

Un jour qu'il en était témoin,

Et que Madame à sa toilette

Pendant qu'on tressait son chignon,

Faisait usage d'un flacon ;

Leonore sous sa jaquette

Ne pouvant plus se contenir,

Cede à la force du désir ;

Met dans les cheveux de la belle

La téte de son instrument ;

Et bientot épanche sur elle

Un jus épais et bouillonnant.

Qu'elle eau ? dit Rosette en colere ;

— Que faites vous — votre chignon.

C'est de la Pommade en Baton

Que j'y mettais — mais d'ordinaire

Il n'est pas chaud — je le scais bien :

Mais aujourd'hui pour mieux le faire

Je l'ai fait fondre dans ma main.

LA MESSE DE QUATRE HEURES.

LA MESSE DE QUATRE HEURES.

Dans une Ville de Berri,
Qu'il ne faut pas nommer ici ;
Dix Prêtres forment un Chapitre,
Qu'on devrait à plus juste titre,
Nommer le Temple des Ribauds.
Chacun à dans son Presbitére
Jeune et gentille ménagère ;
Petits appartement bien chauds ;
Bibliotheque delabrée,
Mais Cave bonne et bien meublée,
Salon simple et voluptueux,
Lit plus mollet que somptueux,
Joli jardin, bonne cuisine :
Quelques uns ont leur cousine,
Ou leur niece, au moins de renom,
Qui régit toute la maison,
Et qui par esprit de ménage,
Pour épargner le blanchissage,
Avec l'Oncle ne fait qu'un Lit.
Toûjours même train, nous ennuie.
Pour égayer un peu la vie,
Un de ces lurons (vrai bandit.)
Se mit un soir en fantaisie
De se masquer, d'aller au bal ;
C'était au tems du Carnaval ;
Tems, où le plus sage s'oublie.
Il en fait part à Jeanneton ;
— Mais, Monsieur, le Qu'en dira ton....

Le peuple à la langue mechante.....
— Je le veux, allons, tes habits,
Et ce vieux masque, que jadis
Une docile penitente
Pour avoir l'absolution
Remit à ma discrétion.
— Mais l'idée est extravagante :
Quoi ! vous voulés vous déguiser ?
Ah ! vous allés vous épuiser !
Et puis après.... non, sois tranquille,
Obéis. Jeanneton docile,
Dans son plus bel ajustement
L'accoutre assés coquettement
L'Oing du Seigneur est en Cornette,
En pet en l'air, en collerette,
En cotillon de beau bazin,
En fine mule de satin.
Moi, je vais mettre la callotte,
Dit Jeannette, pour plaisanter
En homme je veux m'ajuster.
Ça, donnés moi vôtre culotte
Ah ! volontiers, tiens, la voila.
Prend ma soutane, mon rabat.
Bref, l'Abbé devint gouvernante ;
Et Jeannette devint abbé.
De l'habit la vertu puissante
Agit : et sur le canapé
La fille fit l'homme à merveille ;
Et le Prêtre baissant l'oreille,
Conservant la docilité

Qu'il avait étant chambriere
Tant par devant que par derriere
Fut a quatre fois enfilé ;
Puis aussitot d'un pas agile
Le Chanoine encotillone
Part, et se presente masqué
Dans une maison de la Ville,
Où gaillarde societé
Pour danser était assemblée.
L'ame de plaisirs enivrée
Oublie aisément son devoir :
Aussi sans s'en appercevoir
La nuit fut bientot écoulée
Vers les quatre heures du matin,
Le trop vigilant Sacristain
Sonne a l'ordinaire une messe,
Dont le Chanoine est chapelain.
La Contre - danse était entrain,
On la finit, mais le tems presse ;
Deja l'on n'entend plus sonner ;
Il se sauve, et pour ne donner
Aux dévots nulle impatience ;
Dans sa maison en diligence
De chaussure il vient changer,
Quitte seulement sa cornette,
Sur ses juponsmet sa jaquette,
Vient à l'eglise tout courant,
S'habille, et dévotement,
Offre le très saint sacrifice . . . . .
Par accident, ou par malice

Le Polisson qui le servait,
Portant un regard indiscret
Dessous les ornements du Prêtre,
S'apperçoit du déshabillé.
Il le montre à son camarade......
Pour quelque légère incartade
Notre Abbé l'avait étrillé,
Deux jours avant. le petit traître
Saisit au crin l'occasion.
Dans sa poche il mit la clochette,
Et lors qu'à l'élevation
Il fallut tinter la sonnette,
On n'entend point drelin, drelin.
Veux tu sonner, petit gredin,
Lui dit le Chanoine en colere.
Non — j'irai me plaindre a ta mere......
C'était l'instant où d'ordinaire
On soulève les ornements:
Tenés, regardés, braves gens,
De Monsieur voyés l'imposture;
Dit nôtre espiegle aux assistans,
Le troussant jusqu'à la ceinture.
Faut-il pas être bien mechant;
La clochette il veut que je tinte;
Et veut à maman porter plainte;
Tandis qu'il a pris le battant.

LA CONSOLATION D'UN VEUF.

LA JOUISSANCE DE SOI-MÊME

Tout déconfit d'avoir perdu sa femme,
Cléon chés lui se tenoit enfermé ;
Et pour régime accoutumé,
Dans la Chambre ou couchoit la Dame,
De son vivant ; il allait s'attendrir
Se lamenter, c'était là son plaisir ;
Tous ses effets il passoit en revue :
Et lors qu'il arrêtait la vüe
Sur son grand Lit, meuble inutile alors ;
Il le baisait, et dans ses vifs transports
A haute voix il appellait Clarice
(C'était le nom de sa moitié,)
Le malheureux faisait pitié.
Un jour qu'à ce bel exercice,
Tout à son aise il se livrait ;
Sur un fauteuil il contemplait
Les hardes de sa tendre amie,
Depouille d'un ombre chérie,
S'écriait-il avec douleur,

Pour quoi rappeller à mon cœur
Le souvenir de ce que j'aime !
Et pourquoi ne puisje moi même,
Expirer de l'avoir perdu !
Soudain comme un homme éperdu,
Le voila qui se deshabille
Et puis, nud comme une chenille,
Il se jette sur ces habits ;
Il sent passer en ses esprits
Un feu qu'il méconnait encore.
Mais bientôt ce feu le dévore ;
Il prend ces vêtemens, les caresse, les met
Il passe une chemise en cloche,
Il se lace dans le corset,
Sur chaque rein pose une poche,
Endosse casaquin, jupon,
Se coëffe avec un bonet rond :
Enfin, vous eussiés dit sa femme.
Ah ! c'est alors que de son ame
Nouveau désir vient s'emparer.
La chaleur faisait exhaler

Une vapeur voluptueuse ;
Et dans la glace officieuse
En se voyant, une femme il croit voir.
Pendant qu'il se contemple ainsi dans le miroir,
Son cornichon faisait lever sa jupe.
Corbleu ! dit-il que je suis dupe ;
Profitons de l'illusion.
Il le fait, et l'effusion
Des flots d'une liqueur brûlante,
Quoique Clarice fût absente,
Lui fait oublier ses ennuis.
Bon ! dit-il, ventrebleu, j'y suis ;
J'ai trouvé le moyen de jouir de moi-même.
Sans querelle, sans embarras,
J'aurai ma femme, et ne l'aurai pas.
Ma foi, le bonheur est extrême.
Elle n'était pas bonne, et je la regrettais ;
Pourquoi ? pour un plaisir que bien cher je payais :
Qui scais, avec quelqu'un si je ne partageois :
Au lieu qu'à bon marché, sans trouble, sans envie,
Je puis sous ces chiffons le goûter désormais.

Eh ! grand dieu ! n'est-ce pas folie
D'aimer qui nous fait enrager ;
Tandis qu'on peut se soulager ,
Et passer doucement la vie .

L'ECREVISSE.

L'ÉCREVISSE.

Certain Abbé des plus coquets,
Grand fabricateur de poulets ;
Fameux papillon de ruelles.
En contant à toutes les belles :
Contre l'esprit de son état
Voulait jouir avec éclat,
Et loin de garder le mystère
Sur les faveurs qu'il recevait,
Plus fanfaron qu'un militaire
A tout venant les racontait.
C'est mal faire sa cour aux dames.
Sur son compte avoir un amant
N'est point un crime chés les femmes ;
On double même assés souvent ;
Mais outre que la bienséance
Exige d'eux plus de prudence,
Un Abbé n'est pas un galant
Qu'on puisse avouer décemment.
Il est des choses d'étiquette,
Et la femme la plus coquette
Se targue d'un officier,
Ou, pour l'argent, d'un financier,
Qui se croirait deshonorée
D'etre la maitresse avouée
D'un robin, ou bien d'un abbé.
Ce n'est pas que leur accointance

Soit moins dangereuse à l'epoux ;
Mais ce sont comme des joujoux,
Qu'on a chés soi sans consequence ;
Des hors d'oeuvre de jouissance.
Celui dont je vous ai parlé
Tout plein de son petit mérite,
Le premier jour qu'il voit Mélite,
Se persuade en etre aimé.
Mélite était de ces coquettes
Qui n'aiment rien précisement,
Qui se font un amusement
De multiplier leurs conquètes
Moins encor par tempéramment,
Que pour faire tourner des têtes.
C'était, à parler nettement
Une folle des plus complettes.
Elle apprend donc le lendemain
Que l'indiscret Abbé Poupin
S'était vanté d'etre aimé d'elle ;
Soudain la maligne femelle
Résout de venger son honneur
Et de corriger le hableur.
En fait de ruse et de malice,
Jamais femme ne fut novice.
Mélite en tenait magazin ;
C'était un démon féminin.
Elle écrit donc au petit maître,
Que du moment qu'elle l'a vû,

Dans son ame elle a senti naître
Un feu subit; et que pourvu
Qu'il promette d'etre fidelle,
Il pourra tout obtenir d'elle;
Lui donnant même rendés vous
Le lendemain, sur les neuf heures.
L'Abbé reçoit le billet doux;
Le serre dans son livre d'heures
Et ne manque pas tout le soir
De le lire à qui veut le voir.
Le lendemain, l'heure arrivée
Plus ajusté qu'une epousée,
Il vient, on ouvre, on l'introduit
Chés Madame, qui sur son lit
Langoureusement etendue,
L'œil agaçant; à demi-nuë,
Joua d'abord la retenuë,
Et puis feignant de succomber,
Laissa le galant approcher
De la fontaine de Jouvence;
C'est là qu'une cruelle chance
Attend son misérable engin.
A l'orifice du Vagin,
Mélite avait eu la malice
De mettre une grosse Ecrevisse
Qu'entre ses doigts elle tenait;
Et sitôt que le Prestolet
Fut prêt d'entrer au sanctuaire,

La diablesse lâche une Serre,
Puis l'autre; si bien que l'Abbé
Dans l'instant se trouva pincé
D'une vigoureuse manière;
Il pousse des cris douloureux,
Se sauve, court, jure, s'agitte.
Bon dieu! dit en riant Mélite
J'ai peur; cet homme est furieux;
Accourés, mes bonnes amies.
Deja cinq ou six dégourdies,
Qui dans le prochain Cabinet
N'attendoient que le mot du guet,
Sont à l'entour du pauvre drille,
Qui demande d'un air penaut
Qu'on ait pitié de sa guenille;
Enfin avec de bons Ciseaux
On coupa les pattes du Cancre;
Et l'Abbé cachant sa fureur
Et son pénil noir comme l'encre,
Leur fit serment de très grand cœur,
Et sans leur demander son reste,
D'être à l'avenir plus modeste,
De tenir ses amours secrettes
Et sur tout, de n'aller jamais
Vaquer au galant exercice
Sous le Signe de l'Ecrevisse.

DAMON URSELINE.

DAMON URSELINE

Auprès d'un couvent d'Urselines,
Demeurait un bon garnement ;
Qui dans le jardin des béguines
Voyait de son appartement
Quoique fort jeune, il était riche
Et de l'argent n'était pas chiche.
D'autant qu'il avait le bonheur
D'avoir enterré père et mère ;
Et de plus d'être légataire
D'un sien parent, grand amasseur
Qui s'endormant pour le grand somme
Légua ses écus au jeune homme.
Maître de son bien, et de soi
Il vivait, heureux comme un Roi :
Il était à la fleur de l'âge.
Bien fait, assez beau de visage,
Et n'ayant de barbe au menton
Que comme en avait Apollon.
D'ailleurs, vigoureux comme un diable,
Et de plaisirs insatiable.
Souvent au jardin des Nonains,
À l'heure de la promenade,
Fixant ses regards libertins ;
Il en recevait mainte œillade.
Une, surtout l'avait frappé.
C'était une jeune beauté,
Victime de l'atrocité
D'une mère injuste et cruelle ;
Qui n'ayant d'autre enfant qu'elle ;

Veuve, et sur le déclin des ans,
En dépit de ses cheveux blancs,
D'un jeune homme était amoureuse.
Il est mainte Religieuse,
Qui n'ont d'autre vocation.
Un jour que sans attention,
Sœur Luce avait tourné la vûe
Vers la fenêtre de Damon ;
Elle se sentit toute émue,
De son côté notre luron
Sent glisser au fond de son ame
Ardent désir, brûlante flame.
A Sœur Luce il parle des yeux
Elle lui répond de son mieux.
Mais tout le fruit de ce langage,
C'est de s'enflammer davantage,
Et d'irriter de vains desirs.
Après quinze jours de soupirs,
De mutuelle intelligence,
De muette correspondance,
Damon prend enfin le parti
De s'introduire au Monastére
Au moyen du tour que voici :
Il feint de partir pour sa terre
Et de n'emmener qu'un Valet
(Que comme on croit il interesse)
Puis en Demoiselle se met :
Et Lafleur en vieille Comtesse.
Toutes deux vont droit au Couvent :
Demandent Madame l'Abbesse.
Lafleur lui donne force argent ;

Disant, je vous donne ma fille ;
Ayés en soin — elle est gentille ,
Vous voulés donc vivre avec nous ?
Dit en nazonnant la béguine.
— Ah ! c'est mon espoir le plus doux !
— Effet de la grace divine !
Venés, mon cœur..... La fleur s'enva :
Et dès le jour même, l'on donna
Le Voile blanc à la novice.
Le soir au sortir de l'office ,
On va promener au jardin.
Feignant de craindre le serain ,
Damon, maintenant Sœur Roupette ,
Va s'asseoir avec Sœur Lucette
Dessous un berceau de jasmin ;
Lui decouvre son imposture.
On se fâche ; mais la nature
L'eclairant sur ses intérêts ;
On finit par signer la paix.
Enfin depuis cette journée ,
Des doux plaisirs de l'hymenée
Nos deux amants embéguinés
Jouissaient avec trop d'aisance ;
Pour qu'ils ne fussent chagrinés
Par quelque miserable chance.
Environ quinze jours avant
Que Damon entrât au couvent ;
La vieille Mere Sacristine
Avait surpris Sœur Josephine ;
Qui dans sa chambre, en tapinois ,
Employait le manche de bois

Du Goupillon de leur Eglise,
A..... ce qu'il n'est besoin qu'on dise.
La coupable fut en prison :
Et depuis ce tems, la maison
Était encore scandalisée.
Un jour que la troupe voilée
Défilait en sortant du Chœur ;
Damon se trouvait en humeur ;
Et l'on voyait sous la jaquette
De la masculine Nonette,
Quelque chose qui relevait :
Alte là, dit la Sacristine,
Qui l'une après l'autre observait.
Je tiens encore une mutine.
Sœur Roupette à le Goupillon ;
Je le vois sous son Cotillon.
— Mon dieu non — Je ne suis pas dupe :
Allons relevés votre jupe :
Elle la retrousse, et soudain
Se sent mouiller toute la main.
— Voyés, encor plein d'eau benite.....
Damon de se sauver bien vite.
De gagner les murs du bosquet
Qui dans son jardin répondait ;
Puis de rire de l'aventure.
Laissant les Noñes en postures
D'essuyer ce qu'il leur laissait ;
Tandis que Sœur Lucette jure
Du Goupillon qu'il emportait.

LES DEUX N'EN FONT QU'UN

Lise naquit dans la province ;
De parens, dont le revenu ,
Par malheur, était un peu mince.
Lise sous un air ingénu
Cachait une ame véhémente,
Un vif penchant pour les plaisirs ,
Un cœur agité de desirs .
D'ailleurs elle était ravissante .
Bien faite, et blonde sans fadeur ,
Beaux sourcils bruns, bouche mignonne ,
Grands yeux bleus et plein de douceur.
Teint de rose, oreille friponne ;
Cou d'albâtre ; tetons pommés ,
Bien ronds, bien fermes, bien placés .
Bras d'ivoire, main potelée ,
Taille svelte , démarche aisée ,
Jambe fine, le pied furtif ;
Enfin belle au superlatif ;
Et faite pour etre adorée .
Jeune fille avec tant d'appas
Peut-elle rester ignorée !
C'est ce que l'on ne soupçonne pas .
C'était pourtant le sort de Lise .
En province on a la bêtise
De tenir aux vieux préjugés .
Les jeunes gens sont obligés

De se conformer à l'usage.
On veut qu'une fille soit sage
Et sur tout qu'elle ait des ecus ;
Sinon ses charmes sont perdus.
Lise n'était pas une bête
Et savait ce qu'elle valait.
Elle se fourre dans la tête,
Que si dans Paris elle allait,
Tout le monde lui ferait fête,
Et sans confier son secret,
Elle fait son petit paquet :
Et marche vers la Capitale.
Tandis que la fille détale,
Les parents font grande rumeur.
S'imaginent qu'un ravisseur,
À suborné cette novice.
Ils vont se plaindre à la justice.
Mais comme ils n'avaient point d'argent,
À la requête ont mis neant.
Et voila la fille perdue.....
Pendant ce tems, lasse et recrue ;
Enfin elle arrive à Paris,
Et va loger dans un taudis ;
Chés une matrone obligeante,
Qu'en arrivant elle trouva ;
Et qui volontiersse chargea
De lui servir de gouvernante.
— D'où venés vous, ma belle enfant ?

— De bien loin. — vous etes brisée.
— Helas oui. — que j'en suis touchée.
Venés dans mon appartement ;
A Paris que venés vous faire ?
— Ma fortune si je puis.
— Allés, je répond de l'affaire.
— Mais je voudrais d'autres habits.....
— Non pas, s'il vous plait, au contraire
Ceux-ci vous en feront gagner.
Gardés vous bien de les changer.
— Aurai-je bien de la fatigue ?
— Non, il ne faut que de l'intrigue,
Pour du travail, il n'en faut point.
Lise suivit de point en point
Les leçons de sa bienfaitrice ;
Et par un adroit exercice
De la mine, des yeux, des mains,
Devint la perle des putains.
L'or, les bijoux pleuvaient chés elle.
Enfin notre aimable pucelle
Sachant mettre à profit le tems,
Et faire valoir ses coquilles,
Se trouva dans moins de trois ans
Avoir plus de cent mille francs.
Modèle à suivre pour les filles.
Lise pourtant avait joüi ;
Mais elle avait mis tant d'adresse
Dans le choix de son bon ami,

Qu'elle ne depensait pour lui
Que des feux, et de la tendresse.
Aimant son plaisir, et l'argent,
Alliant à l'économie
Sa lubrique philosophie;
Elle jouait le sentiment,
Baisait, et faisait sa fortune.
Cette conduite peu commune
Fixa sur elle les regards
D'un des plus antiques paillards;
Vieux garçon, riche, aimant la vie,
Qui se mit dans la fantaisie
D'epouser Lise tout de bon.
Elle saisit la balle au bond,
Et voila Lise honnete femme.
Le barbon voulant à Madame
Rendre les devoirs de Mari,
Et croyant mettre son outil
Dedans l'amoureuse cachette,
Le fourre dans le trou qui pette.
— Eh bien Monsieur que faites vous?
Un mari! — maman je te fous.
Comment par là? qu'elle sottise!
Vous n'avés pas le sens commun.
— Ah! dit-il, voyant sa meprise,
Excusés, les deux n'en font qu'un.

LE DEVOÏEMENT

LE DEVOÏEMENT

Deux Cordeliers du grand couvent,
Pour égayer leur solitude
Avaient contracté l'habitude
De vivre conjugalement.
On sent bien que le mariage
Ne se consommait pas pardevant;
Mais chés les Moines c'est l'usage;
Et ce n'est pas sans fondement;
Puisque la regle leur déffend
D'introduire chés eux des femmes.
Ce n'est pas qu'au fond de leurs ames
Plusieurs n'aimassent tout autant,
Pour chatouiller leur allumelle;
Le réservoir d'une femelle.
Mais où l'on interdit Vénus :
Il faut recourir à l'anus.
On a bien vû quelques faux frères
Déshonorer les monasteres
Conservant un cœur libertin
Rempli de l'amour féminin.
Même ils avaient la renommée

D'etre de vigoureux f... teurs.
Mais l'église formalisée,
Deffend ces coupables erreurs :
Qui n'étaient pas moins dangereuses,
Que profanes et scandaleuses :
Des femmes venaient au couvent,
Un moine fesait un enfant ;
Un autre avec un Mousquetaire
Dans un B... del se rencontrait ;
Le trop indiscret militaire
Allait divulgant le secret.
Mille anecdottes imprimées,
Et parmi le peuple semées
Diffamaient la religion :
Et bientôt la dévotion,
Diminuait avec l'estime.
Adieu les aumônes, les dons,
Les vœux, les messes, les pardons :
Et tout l'Ordre eût été victime
Des fautes des particuliers :
Plus de pain pour les Cordeliers.
On a donc fait une réforme.
Un grand chapitre, en bonne forme

Pour toujours à délibéré,
Que dans chaque Communauté
Cinquante deux fois par année,
Savoir, chaque semaine un jour,
Toute la bande rassemblée,
Se soulagerait tour à tour :
Laissant à chacun la licence
De choisir pour sa jouissance
L'objet qui lui fera plaisir :
Et pour que l'on puisse à l'oisir,
Vacquer aux besoins de nature,
Qu'augmente une ample nourriture ;
Et qu'irrite encore le desir :
Voici comme la loi s'explique.
„ Outre cette fête publique,
„ Nos peres pouront deux à deux
„ S'amuser à de petits jeux. „
Rien n'est plus clair. Nos jeunes drilles,
Qui brûlaient dessous leurs mandilles,
De la plus Sodomique ardeur,
Vivaient donc comme époux et femmes,
Et suivaient la loi de bon cœur.
Un jour qu'à leur indigne flamme,

Ils se livraient tout à gogo ;
Celui qu'on baisait à tergo ;
Dit à l'autre : ma bonne amie
Retire toi, je sens envie
D'aller au pot.... bon ! dans l'instant,
Répond le B..... en enfonçant ;
Voila mon affaire finie ;
J'aurai le tems ... et non ; je crois
Que comme j'ai mangé des pois
À diner, cela me tracasse....
Hé bien tant mieux, je les entasse....
Et va toujours..... dans le moment,
L'air comprimé trop fortement ;
Se dilatte avec violence :
Et pousse l'agent au plancher .
Où, tandis qu'il reste accroché :
Par le rectum, l'autre lui lance
Un jet de pois mal digerés .
F..... dit-il, bouchant son nés,
Quelle infection est la vôtre !
— Ce n'est rien, un clou chasse l'autre.

LISETTE CAPUCIN.

LISETTE CAPUCIN.

Parmi sept autres Capucins,
Des plus renforcés libertins ;
Vivait un jeune prosélyte,
Frais sorti du noviciat:
Qu'avait jetté dans cet état
Une conversion subite.
Fruit du désordre de son bien.
Car le drôle avait fait la vie
Avec si peu d'économie ;
Qu'à vingt ans il n'avait plus rien.
(Plus d'un a fait cette folie.)
Il était frais, gras et dodu,
Blanc de visage, et fort beau C.
Aussi, tandis qu'il fut novice
Lui donna t'on de l'exercice :
Des nouveaux venus c'est l'office
Mais les vœux étant prononcés,
Par la regle ils sont dispensés
De se preter à ce service,
À moins que ce ne soit par goût.
Damis ne l'aimait point du tout.
Il conservait au fond de l'ame
Un secret penchant pour la femme ;
Et Moine sans vocation,
Il detestait la B.....rie.
Un jour, fillette fort jolie
Lui faisant sa confession,
Soit hazard, soit prétention
Entrouvre une gaze légère
Qui couvrait un sein ravissant.
Le révérend pere à l'instant

Y porte une main téméraire.
_ Ah ! que faites-vous donc mon pere ?
_ Rien _ mais si fait . . . . . finissés donc.
_ Ce n'est rien _ si, c'est quelque chose.
Enfin sur le bouton de rose,
Qui couronnait chaque teton,
Il cueille un baiser plein de flame.
À son tour, la fille en son ame
Sent passer le feu du désir ;
Et bientot un tendre soupir ;
Devient la seule résistance
Qu'elle oppose à la violence.
Six fois le moine l'attaqua,
Six fois l'amour le couronna.
Rien n'est tel qu'un homme d'église.
Lors que Lisette fut remise ;
On chercha des arrengemens,
Pour retrouver ces doux momens.
Enfin l'on n'en trouva point d'autres
Que de se fixer au Couvent.
_ Sous des habits comme les nôtres,
Vous passerés pour mon parent
Qui veut entrer au monastere,
Mais qui, par ordre de son pére
Veut payer un an pension ;
Pour voir si sa vocation
Est solide et determinée.
Voilà donc Lisette emmenée
Dans la Cellule du Coquin :
À l'instant il la deshabille ;
La revet d'une mandille ;
Et la tond comme un Capucin :

Met ses hardes sous la Couchette ;
Puis s'enva trouver le gardien :
Et de l'argent de la fillette,
Paye ; et surtout n'épargne rien ,
Pour que le novice soit bien .
Il n'est homme qu'argent ne tente .
Et chés la race nazonnante ,
On l'aime autant qu'ailleurs ; et plus .
Le Gardien prend donc les écus
Et donne au frere une chambrette ,
Qui pour la jeune Anachorette
Devient le temple de l'amour .
Le Gardien se trouvant un jour
Moins endormi qu'à l'ordinaire .
Se leva de très grand matin ,
Et descendit dans le jardin ,
Tout en grommelant son breviaire .
Les fenêtres du grand dortoir
Y donnaient . il croit entrevoir
Du mouvement, dans la Cellule
Du frére Ange : il va doucement
Au Coridor, avec scrupule
Préte l'oreille ; et brusquement
Pousse la porte mal fermée ;
Et trouve Lisette pâmée
Sous frere Ange qui l'exploitait ;
Ayant en tête son bonnet . . . . . .
— Ô crime ! scandale ! anathême !
Une fille dans le Couvent !
Vous ne tonnés pas, dieu supreme !
C'était donc là ce beau parent .
Vit-on plus coupable imposture !

La pénitence la plus dure
Est un trop faible châtiment......
Lisette entrouvre en ce moment
Deux beaux yeux, tout baignés de larmes.
Aussitôt, épris de ses charmes,
— Je veux sur le champ vous punir :
Levés vous, dit-il à la fille,
Puis prenant sa vieille Béquille,
D'une main la lui fait tenir ;
Tandis que l'homme par derriere,
Par ordre du révérend pere :
Emplit son sacré fondement.
Voilà, dit-il, le châtiment,
Au quel tous deux je vous condamne ;
Pendant un an tous les matins :
Où, je vous livre entre les mains,
De nos austères Capucins ;
Ennemis de l'amour prophane :
Qui décideront votre sort.
— Ah! donnés moi plutot la mort ;
S'ecria Lisette desolée.
— Quoi ! vous êtes donc raffolée ?
Dit pere Ange en allant son train,
Avés vous peur qu'un tour de rein
Me mette à sec !... non je vous jure
Que j'en saurái garder pour vous ;
Et je trouve l'arrêt bien doux.
— Mais il offence la nature.
— Est-ce qu'on la connait chés nous.

LA SERVANTE DU CURÉ.

LA SERVANTE DU CURÉ

Un certain Curé de campagne,
Avait pour servante et compagne,
À la barbe des saints canons,
Fillette de dix-huit années :
Et porteuse de deux tetons,
Où l'on eut pu trouver l'etoffe
D'en faire quatre à bon marché.
Le prêtre n'était point fâché
Malgré son humeur philosophe,
De goûter le plaisir des yeux.
D'ailleurs, se conduisant au mieux,
Sage, décent, plein de prudence ;
De bonne foi ; sans conséquence :
Et trouvant bien plus de raison
D'avoir toujours à la maison
Jeune fillette aimable et fraîche,
Gaie, active, et de bonne humeur ;
Qu'un vieux laidron sec et revêche
Qui gronde, et vous fait mal au cœur :
Du reste ; froid par caractère,
Tout rempli de son ministère,
Notre Curé n'avait jamais
Dit à Nanon sur ses attraits,

La plus équivoque parole.
Pourtant il avait l'air d'un drôle
À pouvoir jouer un beau rôle
Avec fille de dix-huit ans.
Gros, court, rablé, les yeux perçans ;
Le nés long, forte chevelure ;
On l'eût pris à son encolure,
Pour un vigoureux chevaucheur.
Mais il conservait en son cœur,
Un certain fond de retenue ;
Et n'y touchait que de la vûe.
Ce n'est le compte d'un tendron.
Aussi l'égrillarde Nanon
Souvent affectait de paraître
Dans le Cabinet de son maître,
En jupon court, en fin corset,
La chemise fort entr'ouverte.
Mais tout cela ne le tentait :
Ou, du moins, il n'y paraissait :
Si bien que ne pouvant mieux faire ;
Nanette pour se satisfaire,
Et se soulager, employait
Tantôt le manche du balay,
Tantôt le reste d'un gros cierge ;
Le tout, sans cesser d'être vierge ;

Un certain jour de samedi,
Vers l'heure environ de midi :
Le Curé va dire sa messe.
Trouve Nanon qui balayait ;
C'etait l'usage, et la drôlesse
Adroitement s'en acquitait.
Elle passe à la sacristie,
Pendant la célébration ;
Et sans faire réflexion
Que bientôt la messe est finie ;
Ayant l'ame toute remplie
D'ardeur, et de lubriques feux ;
Dans son transport voluptueux
Voila la folle qui s'affuble
D'une étolle, et d'une chasuble
Puis se trousse, puis sans façon
De la croix fourre le bâton,
Peu fait pour un tel ministere . . . . .
Dans certain endroit qu'il faut taire.
Pendant ce tems, le bon Curé,
La messe dite, et tout baclé ;
S'en revient à la sacristie ;
Et là, trouve notre étourdie
Au travail que je vous ai dit.
— Dieu ! que vois-je ? serpent maudit !

Dit-il, en posant le calice.
Est-ce pour ce bel exercice,
Qu'est fait le manche de la croix ?....
Au lieu de ce morceau de bois ;
Vois, lorsque cela te demange,
Tien , voilà , (montrant son anchois ;)
Ce qu'il te faut..... – ah ! mon bon ange !
Il est plus gros que le bâton !
Donnés vite, que je le place.
— Doucement..... attendés, Nanon ;
Après mon action de grace.